EDICT DV ROY POVR L'ESTABLISSEMENT de la Compagnie de la Nouuelle France.

Auec l'Arrest de verification de la Cour de Parlement de Bourdeaux.

A RARIS,
Chez SEBASTIEN CRAMOISY Imprimeur ordinaire de la Marine, ruë S. Iacques aux Cicognes.

M. DC. XXXIII.
AVEC PRIVILEGE DV ROY.

EDICT DV ROY POVR l'establissement de la Compagnie de la Nouuelle France.

LOVIS PAR LA GRACE de Dieu Roy de France & de Nauarre, à tous presens & à venir, Salut. Comme il est de la gloire de Dieu, & du bon-heur de cet Estat, que les soins que nous prenons de trauailler pour l'aduancement de la Religion Catholique, Apostolique & Romaine, ne soient pas bornez dans la seule estenduë de la France : mais que en imitant ce grand Sainct duquel nous portons & le sceptre, & le nom, nous facions en sorte que la renommée des François s'espande bien loin dans les terres estrangeres, & que leur pieté se publie par la conuersion des peuples enseuelis dans l'infidelité, & dans la barbarie. Cette pensée nous a fait souuent ietter les yeux sur les peuples de l'Amerique habitans de la nouuelle France dite Canada, & renouueler le desir de procurer leur conuersion cy-deuant encommencée par le zele de nostre tres-honoré Seigneur & pere, le defunct Roy HENRY LE GRAND de glorieuse memoire. Et nous ayant esté remonstré par nostre tres-cher & bien amé cousin le Cardinal de Richelieu, Grand-Maistre, Chef & Surintendant general de la Nauigation & Commerce de France. (Apres l'auoir informé de nostre volonté sur ce suiet;) Que pour faire plus promptement & plus facilement reüssir ce qui estoit de nos intentions, il auoit fait assembler du nombre de nos sujets, des personnes de vertu & de courage, entendus au faict de la Nauigation, qui pourroient fournir les dépenses des embarquemens necessaires pour mettre à chef vne si haute & si saincte entreprise, & qu'ils s'estoient obligez de lier vne forte Compagnie pour l'establissement d'vne Colonie de naturels François, Catholiques de l'vn & l'autre sexe, iugeant que c'estoit le seul & vnique moyen pour aduancer en peu d'années la conuersion de ces peuples, & accroistre le nom François à la gloire de Dieu, & reputation de cette Couronne. SÇAVOIR FAISONS qu'ayant fait examiner lesdites propositions en nostre Conseil, où estoient plusieurs Princes & Officiers de nostre Courõne, & principaux de nostre Conseil, & apres qu'il nous est apparu que dez le mois d'Auril de l'année derniere 1627. nos chers & bié amez Claude Roquemont sieur de

Briſon, Loüis Hoüel ſieur du petit Pré, noſtre Conſeiller & Controolleur general des Salines en Broüage, Gabriel Lattaignant Maieur de la ville de Calais, Simon Dablon Scindic de la ville de Dieppe, Dauid du Cheſne Conſeiller & Eſcheuin de la ville Françoiſe du Havre de Grace, & Iacques Caſtillon bourgeois de Paris, s'eſtoient obligez de dreſſer vne Compagnie de cent Aſſociez, & faire tous leurs efforts pour peupler ledit pays de la Nouuelle France : Nous auons agreé & approuué, agreons & approuuons le contenu en leurs offres, & conformément à iceux,

I. Ordonné & ordonnons auſdits de Roquemont, Hoüel, Lattaignant, Dablon, du Cheſne, Caſtillon & leurs Aſſociez faire paſſer audit pays de la Nouuelle France deux à trois cents hommes de tous meſtiers, dez la preſente année 1628. &pendant les années ſuiuantes en augmenter le nombre iuſques à quatre mille de l'vn & l'autre ſexe, dans quinze ans prochainement venant, & qui finiront en Decembre, que l'on comptera 1643. les y loger, nourrir & entretenir de toutes choſes generalement quelconques neceſſaires à la vie, pendant trois ans ſeulement, leſquels expirez leſdits Aſſociez ſeront déchargez ſi bon leur ſemble de ladite nourriture & entretenement, en leur aſſignant la quantité de terres defrichées ſuffiſante pour leur ſubuenir, auec le bled neceſſaire pour les enſemencer la premiere fois, & pour viure iuſques à la recolte lors prochaine, ou autrement leur pouruoir en telle ſorte qu'ils puiſſent de leur induſtrie & trauail ſubſiſter audit pays, & s'y entretenir par eux-meſmes.

II. Sans toutesfois qu'il ſoit loiſible auſdits Aſſociez & autres faire paſ-ſer aucun eſtranger eſdits lieux, ains peupler ladite Colonie de naturels François Catholiques, & enioignons à ceux qui commanderont en la Nouuelle France de tenir la main à ce qu'exactement le preſent article ſoit executé ſelon ſa forme & teneur, ne ſouffrant qu'il y ſoit contreuenu pour quelque cauſe ou occaſion que ce ſoit, à peine d'en reſpondre en leur propre & priué nom.

III. Pour vacquer à la conuerſion des Sauuages, & conſolation des François qui ſeront en la Nouuelle France, y aura trois Eccleſiaſtiques au moins en chacune habitation qui ſera conſtruite par leſdits Aſſociez, leſquels leſdits Aſſociez ſeront tenus loger, fournir de viures, ornemens, & generalement les entretenir de toutes choſes neceſſaires, tant pour leur vie que fon-

ction

ction de leur ministere pendant lesdites quinze années, si mieux n'aiment lesdits Associez pour se décharger de ladite dépense, distribuer ausdits Ecclesiastiques des terres défrichées suffisantes pour leur entretien : mesmes sera estably en ladite Nouuelle France plus grand nombre d'Ecclesiastiques si besoin est, & que la Compagnie le iuge expedient, soit pour lesdites habitations, soit pour les missions, le tout aux despens desdits Associez durant le temps desdites quinze années : & icelles expirées, Nous auons remis & remettons le surplus à la deuotion & charité tant de ceux de ladite Compagnie que des François qui serót sur les lieux, lesquels nous exhortons de subuenir abondamment tant ausdits Ecclesiastiques qu'à tous autres qui passeront en la Nouuelle France, pour trauailler au salut des ames.

IV. Et pour aucunement recompenser ladite Compagnie des grands frais & aduances qu'il luy conuiendra faire pour paruenir à ladite peuplade, entretien, & conseruation d'icelle; Nous auons par ce present nostre Edict perpetuel & irreuocable donné & octroyé, donnons & octroyons à perpetuité ausdits cent Associez, leurs hoirs & ayans cause, en toute proprieté, iustice & seigneurie, le fort & habitation de Quebecq auec tout ledit pays de la Nouuelle France dite Canada, tant le long des costes depuis la Floride que nos predecesseurs Roys ont fait habiter en rengeant les costes de la mer iusques au cercle Arctique pour latitude, & de longitude depuis l'Isle de terre Neufue tirant à l'Oüest, iusques au grand Lac dit la Mer Douce, & au delà : que dedans les terres & le long des riuieres qui y passent & se deschargent dans le fleuue appellé S. Laurens, autrement la grande riuiere de Canada, & dans tous les autres fleuues qui les portent à la mer, terres, mines, minieres, pour ioüir toutesfois desdites mines conformément à nos Ordonnances, Ports & Haures, Fleuues, Riuieres, Estangs, Isles, Isleaux, & generalement toute l'estenduë dudit pays, au long & au large & par delà tant & si auant qu'ils pourront estendre nostre nom & le faire connoistre, ne nous reseruant que le ressort & la foy & hommage qui nous sera portée, & à nos successeurs Roys par lesdits Associez, ou l'vn d'eux auec vne Couronne d'or du poids de huict marcs à chaque mutation de Roys, & la prouision des Officiers de la Iustice souueraine, qui nous seront nommez & presentez par lesdits Associez, lors qu'il sera iugé à propos d'y en establir, permettant aufdits Associez, faire fondre canons & boulets, forger toutes sortes d'armes offensiues & deffensiues, faire poudre à canon, bastir & fortifier places, & faire generalement esdits lieux toutes choses necessaires, soit pour la seureté dudit pays, soit pour la conseruation du Commerce.

V. Pourront lesdits Associez ameliorer & aménager lesdites terres ainsi qu'ils verront estre à faire, & icelles distribuer à ceux qui habiteront ledit païs & autres, en telle quantité & ainsi qu'ils iugeront à propos, leur donner & attribuer tels tiltres & honneurs, droits, pouuoirs & facultez, qu'ils iugeront estre bon, besoin ou necessaire, selon les qualitez, conditions & merites des personnes, & generalement à telles charges, reserues & conditions qu'ils verront bon estre: & neantmoins en cas d'erection de Duchez, Marquisats,

Comtez & Baronnies, seront prises lettres de confirmation de nous sur la presentation de nostre cousin le Grād-Maistre, Chef & Sur-Intendant general de la Nauigation & Commerce de France.

VI. Et afin que lesdits Associez puissent ioüir plainement & paisiblement de ce que nous leur auons donné & accordé, Nous auons reuoqué & reuoquons par ces presentes tous dons faicts desdites terres, parts ou portions d'icelles.

VII. Dauantage nous auons donné & accordé, donnons & accordons ausdits Associez pour tousiours le trafficq de tous cuirs, peaux & pelleteries de ladite Nouuelle France; & pour quinze années seulement, à commencer dés le premier iour de Ianuier de l'année presente mil six cens vingt-huict, & finissant au dernier Decembre que l'on comptera mil six cens quarante trois,) tout autre commerce soit terreste ou naual qui se pourra faire, tirer, traicter ou traficquer, en quelque sorte & maniere que ce soit en l'estenduë dudit païs, & autant qu'il se pourra estendre, à la reserue de la pesche des moluës & baleines seulement, que nous voulons estre libre à tous nos sujets : reuoquant à cet effect toutes autres concessions contraires à l'effect que dessus, mesmes les articles cy-deuant accordez à Guillaume de Caën & ses Associez ; Et à ces fins interdisons pour ledit temps tout ledit commerce tant audit de Caën qu'à nos autres sujets, à peine de confiscation de vaisseaux & marchandises, laquelle appartiendra à ladite Compagnie. Et nostredit cousin le Grand-Maistre, Chef & Sur-Intendant general de la Nauigation & Commerce de France, ne bail-

[d]era aucuns congez, passeports ou permissions à autres qu'ausdits Associez pour les voyages & commerce susdit en tout ou partie desdits lieux.

VIII. Pourront neantmoins les François habituez esdits lieux auec leur famille, qui ne seront nourris ny entretenus aux dépens de ladite Compagnie, traicter librement des pelleteries auec les Sauuages, pourueu que les Castors par eux traictez soient par apres donnez ausdits Associez ou à leurs Commis & Facteurs, qui seront tenus de les acheter d'eux sur le pied de quarante sols tournois la piece, leur faisons tres-expresses inhibitions & deffenses d'en traicter auec autres sous pareilles peines de confiscation, & toutefois ne seront tenus lesdits Associez de payer quarante sols de chacune peau de Castor, si elle n'est bonne, loyale & marchande.

IX. De plus nous auons faict don par ces presentes ausdits Associez de deux vaisseaux de guerre de deux à trois cents tonneaux, armez, équipez, prests à faire voile, sans victuailles toutesfois : lesquels seront au plutost mis par nous en estat de faire voyage, & deliurez ausdits Associez ou à leurs Procureurs, pour cy-apres estre entretenus par lesdits Associez, & employez à l'vsage & profit de ladite Compagnie, & arriuant le deperissement desdits vaisseaux par quelque voye que ce puisse estre, excepté en cas que lesdits vaisseaux fussent pris par nos ennemis estant en guerre ouuerte, seront obligez lesdits Associez d'en substituer d'autres en leur place, à leurs dépens, & iceux entretenir au profit de ladite Compagnie.

X. Et neantmois nous voulons qu'en cas que lesdits Associez manquent à faire passer dans les dix années des

des quinze, iusques à quinze cens François de l'vn & l'autre sexe, pour tout dédommagement de ladite inexecution, ils ayent à nous restituer la somme à laquelle la prisée desdits vaisseaux se trouuera monter; comme aussi si dans les cinq années restantes des quinze ils manquoient à faire passer le reste des hommes & femmes stipulez cy-dessus, sauf si (comme dit est) lesdits vaisseaux estoient pris par nos ennemis, & sera la restitution de la prisée desdits vaisseaux prise sur le fonds de ladite Societé, si tant se peut monter, & s'il ne suffit, ce qui en restera sera leué au sol la liure sur chacun desdits Associez sans aucune solidité, en telle sorte que chacun desdits Associez n'en payera qu'vn centiesme, & seront audit cas lesdits Associez priuez de la iouissance du Commerce à eux accordé par le present Edict.

XI. Dans lesdits vaisseaux lesdits Associez pourront mettre tels Capitaines pour y commander, soldats & matelots pour y seruir que bon leur semblera; Prendront neantmoins lesdits Capitaines commission ou prouision de nous sur la nomination desdits Associez, & pour commander en toute l'estenduë de ladite Nouuelle France en l'absence de nostredit cousin le Grand-Maistre, ensemble dans les places & forts qui sont ja edifiez, & qui seront cy-apres construits & entretenus par lesdits Associez pour la seureté dudit païs. Ne sera par nous ny nos successeurs Roys donné pouuoir à autres qu'à ceux de ladite Compagnie, que nostredit cousin le Grand-Maistre choisira sur le nõbre de trois personnes qui nous seront presentez de trois ans en trois ans par icelle Compagnie, & presteront lesdits Chefs & Capitaines le serment entre les mains de nostredit cousin le Grand-Maistre, & pour le regard des autres vaisseaux qui seront entretenus par lesdits Associez, leur sera loisible d'en donner le commandement à icelles personnes que bon leur semblera en la maniere accoustumée.

XII. Dauantage nous auons fait don à ladite Compagnie de quatre couleurines de fonte verte cy-deuant accordées à la Compagnie des Moluques, lesquelles ledit de Caën a depuis retirées du defunct sieur Muisson de Roüen pour s'en seruir à la Nauigation de la Nouuelle France.

XIII. Et pour exciter d'autant plus nos sujets, à se transporter esdits lieux, & y faire toutes sortes de manufactures, nous auons accordé que tous artisans du nombre de ceux que lesdits Associez s'obligent de faire passer audit païs, & qui auront exercé leurs arts &

mestiers en ladite Nouuelle France durant six ans, en cas qu'ils veulét retourner en ce Royaume, soient reputez pour maistres de chef-d'œuure, & puissent tenir boutique ouuerte dans nostre ville de Paris, & autres villes, en rapportant certificat authentique dudit seruice esdits lieux : & pour cét effect tous les ans à chaque embarquement sera mis vn roolle au Greffe de la Marine, de ceux que la Compagnie fera passer en la Nouuelle France.

XIV. Et attendu que les marchandises de quelque qualité qu'elles puissent estre qui viendront desdits païs, & particulierement celles qui seront manufacturées esdits lieux de la Nouuelle France, prouiendront de l'industrie des François, nous auons exempté & déchargé, exemptons & déchargeons, pendant quinze ans, toutes sortes de marchandises prouenant de ladite Nouuelle France, de tous imposts & subsides, bien qu'elles soient voictu-rées, amenées & venduës en ce Royaume.

XV. Comme aussi declarons toutes munitions de guerre, viures, & autres choses necessaires pour l'auictuaillement & embarquement qu'il faudra faire pour la Nouuelle France exemptes, quittes & franches de toutes impositions & subsides quelconques pendant ledit temps de quinze années.

XVI. Permettons à toutes personnes de quelque qualité qu'ils soient, tant Ecclesiastiques, Nobles, Officiers, que autres, d'entrer en ladite Compagnie, sans pour ce déroger aux priuileges accordez à leurs ordres: mesmes pourront ceux de ladite Compagnie si bon leur semble associer auec eux ceux qui se presenteront cy-apres, & iusques au nombre d'autre cent, si

tant s'en presente. Et en cas que du nombre desdits Associez il s'en rencontre quelqu'vn qui ne soit d'extraction noble, nous voulons & entendons annoblir iusques à douze desdits Associez lesquels iouïront à l'aduenir de tous priuileges de Noblesse, ensemble leurs enfans nais & à naistre en loyal mariage, & à cét effect nous ferons fournir ausdits Associez douze lettres d'ennoblissement signées, scellées & expediées en blanc, pour les faire remplir des noms de douze desdits Associez, pour estre lesdites lettres distribuées par nostredit cousin le Cardinal de Richelieu à ceux qui luy seront presentez par ladite Compagnie.

XVII. Ordonnons que les descendans des François qui s'habitueront audit païs, ensemble les Sauuages qui seront amenez à la cognoissance de la foy, & en feront profession, soient desormais censez & reputez pour naturels François ; & comme tels puissent venir habiter en France quand bon leur semblera, & y aquerir, tester, succeder, accepter donations & legats, tout ainsi que les vrays regnicoles & originaires François, sans estre tenus de prendre aucunes lettres de declaration ny de naturalité.

SI DONNONS EN MANDEMENT à nos amez & feaux Conseillers les gens tenans nos Cours de Parlement, Chambres des Comptes, Cour des Aydes, & à tous nos autres Officiers & Iusticiers qu'il appartiendra, que ces presentes nos lettres d'Edict ils facent lire, publier & enregistrer, & du contenu en icelles ioüir pleinement & paisiblement lesdits de Roquemont, Hoüel, Lattaignant, Dablon, du Chesne, Castillon & leurs Associez ; CAR tel est nostre plaisir, nonobstant quelconques Edicts , Ordonnances, mandements,& autres choses à ce contraires, ausquelles nous auons pour ce regard & sans tirer à consequence dérogé, & dérogeons par ces presentes, lesquelles nous voulons sortir leur plein & entier effect, nonobstant oppositions ou appellations quelconques, pour lesquelles ne voulons estre differé, nonobstant aussi clameur de Haro, Chartre Normande, prise à partie, & lettres à ce contraires. Et dautant que de ces presentes l'on pourra auoir affaire en plusieurs & diuers lieux, nous voulons qu'au vidimus & copies deuëment collationnées d'icelles par l'vn de nos amez & feaux Conseillers, Notaires & Secretaires, foy soit adioustée comme au present Original. Et afin que ce soit chose ferme & stable à tousiours; nous auons faict mettre nostre seel à cesdites presentes, sauf en autre chose nostre

droict,

droict, & l'autruy en toutes. DONNE' au Camp deuant la Rochelle, au mois de May l'an de grace 1628. & de nostre regne le dix-neuf. Ainsi signé, LOVIS. Et plus bas, Par le Roy, LE BEAVCLERC. & à costé Visa, & scellé de cire verte en lacs de soye rouge, & verte.

EXTRAICT DES REGISTRES de Parlement.

VEV par la Cour les Chambres assemblées la Requeste à elle presentée le vingt-vniesme de May dernier, par les Associez de la Compagnie de la Nouuelle France dite Canada : Tendant aux fins en icelle contenuës, attendu que dés le mois de May mil six cens vingt huict, il auroit pleu au Roy leur accorder l'Edict pour l'esta-

www.ingramcontent.com/pod-product-compliance
Ingram Content Group UK Ltd.
Pitfield, Milton Keynes, MK11 3LW, UK
UKHW021928190726
13853UKWH00002B/919

9 782329 566245